# LES TRAITÉS DE COMMERCE

## ÉTUDE ÉCONOMICO-FANTAISISTE

ET

## LETTRES SUR L'AGRICULTURE

PAR

E. BARRIER

A PARIS
Librairie E. CRETTÉ, galerie Véro-Dodat, 1 et 3

A COURVILLE
Librairie BEAUDET-MOREAU

1881

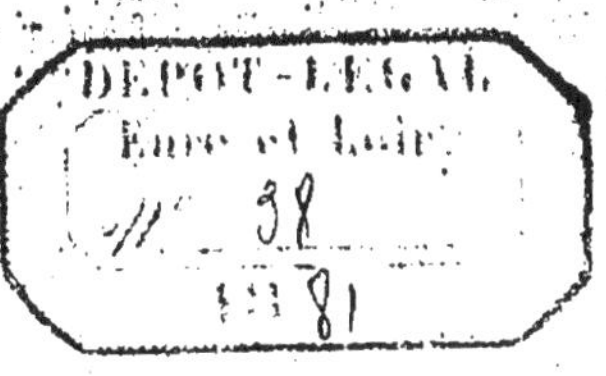

# LES TRAITÉS
## DE COMMERCE

LES

# TRAITÉS

## DE COMMERCE



ÉTUDE ÉCONOMICO-FANTAISISTE

1869-1880

CHARTRES

IMPRIMERIE DURAND FRÈRES, RUE FULBERT

—

1880

# LES
# TRAITÉS
## DE COMMERCE

ETUDE ÉCONOMICO-FANTAISISTE

1869-1880

---

PREMIÈRE PARTIE

## *L'INDUSTRIE*

---

Décembre 1869.

Pour les traités je suis comme souffle le vent,
Protectionniste ou libre-échangiste ardent :
Je ne puis démêler ces longs fils d'Ariane,
Ni les chiffres de Thiers, ni ceux de la douane.

Rouen, .... (1), Roubaix dont les sanglots sont vifs,
Mâcon, Bordeaux, Marseille opposés aux tarifs;
Entre les camps rivaux flotte l'incertitude;
Je voudrais une enquête, une nouvelle étude
Complète et confiée au libre Parlement,
Discutée au grand jour, contradictoirement

(1) J'ai préféré laisser en blanc la place de notre chère et malheureuse Mulhouse.

I

La Beauce et son bétail, ses grains, ses bonnes laines ;
Lille avec ses filés pour trames et pour chaînes ;
Abbeville et Tourcoing ; Amiens et ses velours
Se heurtent à Lyon aux somptueux atours.
Tarare, Saint-Quentin, sources des mousselines,
Se plaignent vivement des nouvelles doctrines ;
Champagne, mérinos, flanelle de santé,
Ces vieux produits de Reims, aiment la liberté.

Des forges, hauts-fourneaux, le travail en souffrance
Accuse les traités avec intolérance ;
Au chef-lieu de la mode et des grands opposants,
Le libre-échange voit ses plus chauds partisans.
La filature en deuil et la métallurgie
De la protection regrettent l'énergie ;

Le Midi se querelle avec l'affairé Nord :
Laines, vins, cognacs, fers sont en grand désaccord.

Le drap marche tout seul ; le calicot gréviste,
Dont Rouen a la *Foudre* (1), est protectionniste.
Le premier des tissus, le plus fort, le plus fin,
Cette excellente toile et de chanvre et de lin,
Coutils, riches tapis, nos beaux châles de France,
Se moquent des Anglais et de leur concurrence.
Les nombreux et charmants articles de Paris
De l'univers entier sont les enfants chéris.

Dentelle, tulle, blonde et la bonneterie
Font la guerre à l'esprit, à la riche soierie.
Rétrogrades encor sont Troyes et Chaumont ;
Mouy pour ses tartans, et Compiègne et Clermont ;
Avec Châtellerault et sa coutellerie.
Les modes, gants, chapeaux, parfums, bijouterie,
Les beaux-arts, toute chose et de luxe et de goût,
Nos fleurs et nos rubans sont acclamés partout !

(1) Grand établissement industriel créé et dirigé par M. Pouyer-Quertier.

D'Orléans et Beauvais les chaudes couvertures,
L'Auvergnat circonspect, sont aux demi-mesures.
De son frère Lyon Saint-Etienne est l'égal ;
Le Savoyard robuste est anti-libéral.
Neutres Elbeuf, Sedan, la clé d'une frontière
A cette invasion ne formant pas barrière !

Les tissus mélangés, l'exclusif des Anglais,
Ont fait un tort immense à ce pauvre Roubaix ;
Leurs alpagas, velours aux reflets admirables,
Possèdent coloris, finesse incomparables.
Les draps laine et coton lourds, souples, réguliers,
De Lisieux, Mazamet ont tué les métiers.
De tous ces fabricants les plaintes sont amères,
C'est la ruine affreuse après les jours prospères !...

La volaille et les œufs, de Chartres les pâtés,
Truffes et beurre frais profitent des traités.
Les Anglais sont... friands : nos plus gras pâturages
Engraissent le bétail pour leurs brumeux rivages ;

Nos beaux fruits savoureux, les meilleurs de nos vins
De concorde et de paix sont de puissants engins !...

*
* *

C'est un choc d'intérêts, une guerre d'idées,
— Où vérités, erreurs, se mêlent, sont fondées, —
Par un bruit infernal prouvant un mal profond !
La tempête est dans l'air, mais l'accord règne au fond :
Tous les cœurs à l'envi battent pour notre France,
Forment les mêmes vœux, son bonheur, sa puissance !

## II

1880.

La houille en son enfer, ses sombres souterrains
Où s'enterrent vivants des mille et mille humains,
Privés d'air, de soleil ; la flamme toujours prête,
Malgré tous les efforts, à tonner sur leur tête !
Ce bras de l'industrie, à grand prix acheté,
Ne peut être et n'est pas, lui, pour la liberté.
Quel contraste ! enfermé dans les flancs de la terre,
C'est le bruit sans écho, fruit du travail austère
D'hommes qui chaque jour à la femme, aux enfants,
Disent un triste adieu : reviendront-ils vivants ?...
A la lumière il est messager d'espérance,
De plaisirs et de vie... Au fond, c'est la souffrance !
Admirons et plaignons ces chers infortunés
Nos frères ! Ici-bas pour la peine ils sont nés...

*
* *

Et le muet témoin de longues, fortes peines
Produisant sourdement de noirs ferments de haines !

Le confident secret de bien des malheureux !
Ce modeste éclaireur de nos pauvres aïeux (1)
Quand, courbés sous le joug après dures journées,
De miettes de pain péniblement gagnées,
Le soir, exténués, ils venaient se nourrir ;
« Livides, noirs », et des haillons pour se vêtir ;
Sur la paille couchés dans un taudis sauvage
Où tout faisait défaut... excepté le courage !...
Pour le nommer enfin, le suif est libéral ;
Avec raison : c'était le seul remède au mal...

Nobles ou roturiers, tous les justes, les sages,
Réprouvons ces temps durs, précurseurs des orages ;

(1) Notre grand moraliste La Bruyère, né à Dourdan (en Beauce !...), écrivait dans son beau livre des *Caractères*, publié en 1687, sous le règne du grand roi : « L'on voit (les paysans et les laboureurs) certains animaux » farouches, des mâles et des femelles, répandus par la campagne, noirs, » livides, et tout brûlés du soleil, attachés à la terre qu'ils fouillent et » qu'ils remuent avec une opiniâtreté invincible ; ils ont comme une voix » articulée, et quand ils se lèvent sur leurs pieds, ils montrent une face » humaine, et en effet ils sont des hommes ; ils se retirent la nuit dans des » tanières où ils vivent de pain noir, d'eau et de racines ; ils épargnent » aux autres hommes la peine de semer, de labourer et de recueillir pour » vivre, et méritent ainsi de ne pas manquer de ce pain qu'ils ont semé. »

Cette peinture sombre, aux sensibles accents,
Impartiale, vraie, a moins de deux cents ans...

*
* *

Notre beau drap n'est pas un pur libre-échangiste ;
Solide et fin, je vois en lui l'opportuniste :
Partisan du progrès, indubitablement ;
Mais il attend son heure et choisit le moment !
Dans l'état des esprits, très sage est ce système,
*D'un temps nouveau, troublé, c'est le sauveur suprême...*

## III

A seigneur tout honneur, c'est juste et de bon ton,
Mes respects au vieux roi Sa Majesté Coton,
Resté le serviteur de l'antique régime :
— « D'un passé fructueux nous sautons dans l'abîme !
« La prohibition, quel bon temps regretté !
« Que d'intérêts lésés par cette liberté ! » —
L'égalité le choque, il veut le privilège,
Si timide, si faible, il faut qu'on le protège !
Prodiguant en tous lieux éloquence et discours,
Jette des cris d'angoisse et demande secours !
Ses sanglots sont fondés, Rouen est bien malade,
Mais c'est sa propre faute, elle est si rétrograde...

Ici-bas les destins et les flots sont changeants,
Il faut, non remonter, mais suivre les courants !
Industrie et commerce aisément se transforment,
D'un côté délaissés, ailleurs ils se reforment ;

C'est la loi du progrès : ces fluctuations
Font la prospérité des grandes nations.
Le silence ou le bruit, pleurs, discours et démarches
Ne peuvent entraver ses bienfaisantes marches !...

*
* *

Le tout jeune Roubaix, le frère intelligent,
Accapare la vogue, et l'honneur, et l'argent !
Ayant renouvelé son ancien outillage,
Il soutient le drapeau, même avec avantage !
Capricieuse Mode aussi l'a protégé,
En laissant aux Anglais leur tissu mélangé.
Sa fébrile action lui fit faire merveille !
*Si la routine endort, ce cher progrès réveille.*

*
* *

Et ces bons mérinos, aimés de nos aïeux,
La fortune de Reims ! toujours victorieux

De leurs jeunes rivaux ; ils forment l'alliance
Du passé, du présent, la vieille et jeune France.
Du centre gauche pur c'est le portrait frappant.
Je l'aime de tout cœur, ce groupe bienfaisant !
Sage, ferme, prudent, conservant Thiers pour guide,
Il montra le chemin à l'esprit trop timide
Et mit une barrière aux plans des exaltés !
Il fut l'arbitre du progrès, des libertés.
Puisse-t-il empêcher ces secousses profondes
Du fleuve impétueux dont les bouillantes ondes
Vont, bouleversant tout, se perdre dans la mer !
Revenir sur ses pas, c'est un fruit bien amer
Qu'en France on connaît trop... *Dans toute la nature,*
*Ce qui pousse ardemment n'est jamais ce qui dure !*

## IV

Le cuir est radical et même subversif;
C'est un intransigeant à l'esprit positif:
Dans un cachot infect se passe son enfance;
Après, mis en morceaux, altéré de vengeance,
Pour faire table rase il marche de l'avant...
En botte de marin, brodequin élégant,
Ou bien à la charrue, au trait, à la calèche,
D'un pas lent, mesuré, ou prompt comme la flèche
Sous la direction d'un cavalier ardent;
Car il est du cheval l'ami, le confident!
Partageant ses périls, nos revers, notre gloire,
Fut témoin des hauts faits de notre noble histoire:

Par nos braves Normands l'Anglais fier fut dompté!
Si la vieille Europe a justice et liberté,
C'est grâce à nous! Et les Etats-Unis prospères
Ont eu pour fondateurs nos valeureux grands-pères!
En Asie, en Afrique, où flotta le drapeau,
Notre sang fit sortir le progrès du tombeau!

La Belgique nous doit son bonheur, sa puissance !
Les Grecs reconnaissants, leur chère indépendance !
L'Empire Turc mourant serait Russe aujourd'hui
Sans le sang généreux, en vain, versé pour lui !
Que de héros tombés pour l'ingrate Italiè !
Et la Pologne triste, en lambeaux, que j'oublie...

*
* *

Ces longs mois de conquête au Mexique infernal !
Cette folle entreprise, au dénouement fatal,
Où nos pauvres soldats se sont couverts de gloire,
Bravant tous les dangers ! je l'inscris pour mémoire...

En Syrie, au secours des chrétiens accourus,
Nous les avons sauvés, vengés et secourus !

Le spectre de la Chine est devant ma pensée !
Que de remords, grand Dieu ! quelle guerre insensée.

*
* *

Montcalm abandonné périt au Canada
Qu'un roi faible, léger et fainéant, céda,

(L'un des plus beaux fleurons de la couronne anglaise!)
Et l'Inde que Dupleix pouvait rendre française... (1)
La riche Louisiane où mûrit le coton
Par Bonaparte fut cédée à Livingston (2).
Elle porte le nom d'un des grands rois de France!
Et l'Acadie ancienne avait de l'importance...
Un traité nous l'ôta!

Sous le climat malsain
De Haïti (3), Le Cap, que de courage, en vain,
Ont déployé Leclerc et sa petite armée!...
L'Ile-de-France (4) par de chers colons nommée
Nous fut ravie encor! C'était sous l'Empereur:

(1) Maître de Chandernagor, Pondichéry, etc., qui nous sont restés, le gouverneur Dupleix, directeur de la compagnie française des Indes Orientales, était devenu par son courage et ses victoires le suzerain ou le protecteur de la plus grande partie de la presqu'île. Faute de renforts d'hommes et de vaisseaux qu'il demandait, ses armées furent détruites en 1752 et 1754, et le vaste empire qu'il avait rêvé pour la France fut conquis plus tard par la Compagnie anglaise.

(2) Représentant des Etats-Unis, moyennant une indemnité de 15 millions de dollars (81 à 82 millions de francs).

(3) L'annexion des Iles Tahiti à la France a eu lieu le 29 juin 1880.

(3) Aujourd'hui Maurice aux Anglais.

Despote ambitieux, ton règne de malheur
Epuisa la patrie... il ouvrit ses frontières,
Il déchaîna sur elle un torrent de colères
Et deux invasions!...

Des combats de géants
Engagés par le plus fatal des conquérants !
D'Arcole aux bords du Nil, Ulm et Marengo, Gêne,
Du soleil d'Austerlitz aux nuits de Sainte-Hélène !
Pour des millions de morts ! Que reste-t-il ? Un mot,
En lettres d'or, gravé dans les plis du drapeau...
L'âme d'un citoyen certes peut être fière !!!
C'est bien cher acheté...
*Maudite soit la guerre !...*

Que de sang gaspillé ! de force, de trésors !
Fuyons ces errements, consacrons nos efforts
Au bien de notre France ! à fermer ses blessures...
*Soyons forts, patients, sans esprit d'aventures !*

*Que l'union féconde et l'entente et la paix,*
*Sur les esprits troublés répandent leurs bienfaits !*

*Concilions les cœurs, n'ayons qu'une pensée,*

*Qu'un rêve, un but, l'honneur de la France abaissée!...*

*
* *

Un succès glorieux dans les œuvres de paix

Montre le sentiment qui guide les Français :

Le canal de Suez, génie, honneur, puissance,

De deux mondes, deux mers, est le trait d'alliance...

V

La mode et ses splendeurs, les beaux-arts attrayants
Pensent comme la soie aux reflets châtoyants :
— « La liberté sans frein, sans règles la licence. » —
Les excès, le désordre exploitant notre France
Pour la précipiter dans l'infernal chaos
Dont sa terrible histoire apporte les échos !
C'est un torrent sans digue et le ciel sans étoiles,
Au milieu des écueils, c'est le vaisseau sans voiles
Battu par la tempête, entraînant avec lui
D'un Etat vacillant le plus solide appui.

— « Rétablir la Commune et revanche exemplaire
D'une révolte » — folle, atroce, incendiaire,
— « Sanctifiée, ayant pour emblème un drapeau
Rouge sang ! » — renfermant dans ses plis le tombeau

De la liberté chère, enchaînée, outragée !
Et, sur des débris, la République égorgée...
Que le Conseil élu des chauds Parisiens
Gère comme il voudra ses eaux, forêts et biens,
Mutile ses jardins, ce n'est pas notre affaire !
Vaste est son horizon, qu'il reste dans sa sphère :
Et se contente de sa part forte au scrutin !
Car l'Etat aujourd'hui c'est notre bulletin :
De la France il contient les grandes destinées,
Qu'il lui porte bonheur !...

Pendant bien des années.

Paris nous fit subir son humeur, son exploit,
Mettant en action : — « Force prime le droit. » —
Qu'il laisse au Prussien sa honteuse formule...
*Le droit prime la force ou le progrès recule !*

*
* *

Le cinquième quartier, c'est. . l'Empire : Mon Dieu !
Qu'il soit haï, maudit de tout temps, en tout lieu !

De notre chère France il perdit les armées!
Les remparts les plus sûrs! deux provinces aimées...
Le sang précieux de milliers de défenseurs!
L'honneur et les milliards! la rançon de vainqueurs!...
Le prestige, la gloire et la prépondérance!
Lui laissa la ruine et le deuil! pauvre France!...
Parjure, sanguinaire! il l'eût par trahison!
*Sachons toujours garder les clefs de la Maison...*

*
* *

De Charybde en Scylla, les extrêmes se touchent;
Dieu veuille que jamais nos montagnes accouchent:
Adieu sagesse! fi, la modération!
Opportunisme à bas!

Sous leur protection
*Notre regretté Thiers* put vaincre mille obstacles,
*Libérer notre France!* accomplir des miracles:
Au vainqueur tout puissant, par un suprême effort,
Après deux jours de lutte, *Il arracha Belfort!...*

Pour payer la rançon de la France écrasée
Il trouva quinze fois la somme proposée !...
Au triomphe des droits sacrés d'autorité,
Il ajouta la paix, l'ordre et la liberté.

## VI

Le bon cidre paré du vieil ami *Le Perche*
Ou le Normand doré qu'un fin gourmet recherche,
Dans son vaste tonneau, sans lien fraternel,
Renferme tant d'esprit qu'il se croit... immortel!
Au modeste ménage il donne l'abondance!
Des Anglais il ne craint guère la concurrence,
Devenant aigre ou gras, ballotté par les flots.
Pétillant et mousseux, il est aux libéraux.

*
* *

Nos grands ports constructeurs, et le Havre à la tête,
Voudraient des libertés achever la conquête :
— « Des armes! pour la guerre... au navire étranger,
Toile, bois, cuivre, fer, nous vaincrons sans danger ! » —
Sympathique au mistral, l'antique cité reine
Au libre-échange pur cherche à river sa chaîne ;

Bayonne, Bordeaux, Dieppe, et Boulogne et Calais
Du progrès sans liens réclament les bienfaits.

*
* *

Triste, désespérée est la pauvre marine
Marchande! l'étranger la détruit, la ruine!
L'encombrement des quais par lui seul est produit!
C'est pour l'Américain que notre soleil luit,
Et son frère John-Bull ; quelle tristesse amère!
L'armateur malheureux en vain toujours espère,
Le fret ne lui vient pas! Nos trois chères couleurs
Ne brillent guère hélas! sur les flots destructeurs!

*
* *

Donner aux ouvriers, à l'usine, aux fabriques,
La matière première aux prix les plus modiques
Pour créer au dehors de vastes débouchés
Et battre ces Anglais, les maîtres des marchés;

Pour rendre la marine et prospère et puissante ;
Occuper; enrichir la fabrique naissante,
Qu'elle marche à grands pas dans les vastes chemins
Ouverts par le progrès aux œuvres des humains.

L'exportation, c'est la veine fructueuse
Donnant ses trésors à la France travailleuse,
Et ce gain mérité d'un labeur incessant
Engendre le bien-être à flots se répandant !
Sur matière première un droit même minime
Au profit de rivaux constitue une prime,
Favorise l'Anglais, le Suisse, l'Allemand
En augmentant leur vente à notre détriment.
On doit porter ailleurs la taxe qui protège
Ne pas lever sur elle une main sacrilège !
Travail national, arrêter ton essor,
C'est tuer de sang-froid notre poule aux œufs d'or !

---

SECONDE PARTIE

# *L'AGRICULTURE*

---

## I

Qu'il faut plaindre, grand Dieu! la mère nourricière!
Sans droits sur le bétail, sur matière première,
Sur la graine huileuse, et les chanvres, les lins,
Les laines et les peaux, froment et menus grains;
C'est, pieds et poings liés, à l'entrée étrangère
La livrer! car l'impôt l'écrase, l'exaspère!
Et tous sont protégés! Certe, elle n'est pas moins!
Comment concilier ses droits, ses grands besoins,

Et ses nobles devoirs vis-à-vis de confrères,
D'enfants ! qui ne pourraient, sans elle, être prospères,
Qu'insulter au progrès, marcher à reculons ?
Mon Dieu, mais c'est tout simple,
*En primant les moutons* (1) !

*
* *

Elle est la clef de tout : cette fière industrie
Ne serait rien sans elle, et la chère patrie
Trouve dans ses enfants de nombreux défenseurs ;
Le trop rapace fisc, ses produits les meilleurs.
Les trésors infinis sortant de ses artères
Du commerce emprunteur engendrent les affaires
Qui donnent du travail à tous nos ateliers,
L'argent aux fabricants, la vie aux ouvriers.
Qu'elle tarisse un peu la source précieuse,
La sève se meurt dans l'œuvre laborieuse,
Les rameaux sont flétris ! le commerce arrêté
Développe partout l'affreuse pauvreté !

(1) Voir à la fin les lettres sur ce sujet.

L'agriculture est la fontaine de Jouvence
Dont l'eau coule à pleins bords, le grenier d'abondance
Du pays ! le moteur de sa prospérité,
Le réservoir de la féconde liberté...

Sénateurs, députés, droite et gauche, je prie !
Ne sacrifiez pas notre grande industrie
Qui se meurt ! Donnez-lui les moyens
De vivre, prospérer, de prodiguer ses biens.

*
* *

La moribonde hélas ! n'a pas voix au chapitre ;
Chacun reconnaît, haut, qu'il n'y manque aucun titre
D'estime, de respect, de vénération !
Mais quand de la parole on passe à l'action,
Je veux dire au scrutin, déroute générale !
Le soleil luit... derrière une éclipse totale...
C'est de l'amour par trop platonique ! et pourtant,
Si la République est, c'est grâce au paysan :

Ne croyez pas qu'il veuille un prix de son service,
Un privilège; non, il demande justice!
Et quand même il vous eût ménagé son appui,
L'Etat impartial ne peut compter sans lui!
Son pain quotidien, Gouvernants, qu'il réclame,
Est le fruit d'un travail bien pénible! On l'en blâme:
Seul il faut qu'il s'immole enchaîné sur l'autel
De la patrie en deuil! rien de l'industriel
Dont l'intérêt se lie aux faits économiques
Par l'objet exporté sortant de ses fabriques.

Les ruraux, pleins d'espoir, sont accourus nombreux
Vers vous! sachez garder leurs votes généreux...
*Pour empêcher de naitre un esprit de divorce,*
Ecoutez leurs griefs: l'union fait la force.

## II

Industriels heureux ! riches et satisfaits !...
Et la protection vous comble de bienfaits !
— Preuve que l'eau toujours va grossir la rivière —
Faisant de droits sacrés une infime litière.
Vous avez rejeté le légitime bien
De la culture pauvre ! elle, ne reçoit rien !...
Industrie et commerce ici sont solidaires,
Les usines des champs surtout sont tributaires.

Quand l'émigration aux désastreux effets
Sur la terre appauvrie aura clos ses filets,
Que les intelligents après les plus futiles
Auront quitté nos champs pour enrichir vos villes ;
Que le sol sans labours, les fermes sans fermiers
Auront creusé l'abîme aux projets financiers;
Vous aurez des regrets d'avoir quitté la voie
Juste et sage, gardé l'ombre au lieu de la proie...

Et d'avoir ruiné vos clients les meilleurs,
Perdant les plus zélés des collaborateurs !

*
* *

Notre verte campagne agréable et féconde
Est ce bloc de granit qui supporte le monde
Figurant une femme aux seins volumineux
— L'abondance et la force, — aux traits harmonieux
— Bonté, beauté, — les yeux clairs et pleins de franchise
— Ce chaud, brillant rayon d'en haut qui fertilise,
Et fait fondre la glace, apporte la santé ! —

Drôle d'admirateur, plein de simplicité,
Celui qui mine la base de la statue
Pour la voir en morceaux à ses pieds abattue !
Et l'imprudent naïf, blessé par les débris,
De sa témérité trop tard connaît le prix !
Malheureux et coupable, au désespoir il cède ;
Regrets et pleurs sont vains, le mal est sans remède...

## III

— « Protection pour tous ou pour tous liberté ! » —
Tel est le mot de guerre aux Députés jeté :
Œil pour œil, dent pour dent : un cri corse, sauvage,
Ne peut servir de guide au grand Aréopage !
Ce n'est qu'une boutade, écrite en un moment
D'amère tristesse et de découragement !

La liberté pour tous, fatale théorie,
Serait l'effondrement de la riche industrie
Et du commerce ! un vrai « Sedan républicain... »
Economique, ôtant aux ouvriers le pain !
Quels seraient les profits de notre agriculture?
Payer moins ses servants, fers, charbon, fourniture :
Belle affaire vraiment ! comparée aux malheurs
Qui s'appesantiraient sur l'industrie en pleurs,
Et dont elle serait la première victime !
Ses devoirs, intérêts, sont d'être magnanime,

De ne pas donner suite à son ressentiment.
Demandons tous pour elle un dédommagement !

Etre conciliant ce n'est de la faiblesse
Et souvent la rigueur est de la maladresse :
*La force naît toujours de modération,*
L'agent universel étant l'attraction !
C'est faire quelquefois de bonne politique
D'appliquer aux rivaux la règle évangélique
Qu'on doit suivre en famille ou bien société :
Changer le mal en bien, montrant la vérité.
Mauvaise conseillère est l'affreuse vengeance !
Justice, sois le guide en toute circonstance !

*
* *

Règne et gouverne en France, ô solidarité !
Plaider ta cause avec franchise et vérité
Est le but élevé que mon vers se propose,
En vain peut-être... après l'insuccès de ma prose.

Ma conscience est nette, et le lecteur verra
Que je « *fais ce que dois* »; advienne que pourra !
Par boutade écrivain, rimeur de circonstance,
Je ne puis faire mieux ! De votre patience
Si j'ai trop abusé, pardonnez, cher lecteur !
Puisse l'intention plaider en ma faveur...

*
* *

*Les pouvoirs délaissant la pauvre agriculture,*
*Dieu veuille, à son secours, envoyer la nature !*

## IV

1869.

L'agriculteur en guerre avec l'industriel
Voulant lui retirer sa part du chaud soleil
— Ce qui nous prouve que l'ingratitude affreuse
Aveugle les esprits, ô France généreuse ! —

Comme aux temps primitifs, le feu, la terre et l'eau
Qui se régénéraient en touchant le tombeau ;
— Bien des siècles avant que l'homme, sans défense,
Eût empreint de ses pas le sol sans consistance ! —

L'agréable, la mode ; et l'utile, les grains ;
Le superflu souvent, ces délicieux vins ;
Viandes, poissons salés, au pauvre indispensables ;
Des plus favorisés les choses confortables ;

Maladie et santé : les cafés vigoureux,
Le quinquina fébrile ; et le luxe, cheveux ;
Le Centre et le Midi, le liquide et la mine ;
Le Nord, l'Est et l'Ouest, industrie et marine ;

S'apprêtent à livrer de terribles combats
Sur l'échange trop libre et tous ses résultats.
Bientôt nous reverrons ces tournois d'éloquence
Où Thiers, Favre, Rouher montreront leur puissance;

Mais ces grands orateurs, malgré tout leur talent,
Ne convertiront pas le moindre dissident ;
Le public, ébloui par ce feu d'artifice,
Ne reconnaîtra plus le droit et la justice !

*
* *

Tout s'enchaîne ici-bas ; l'affaire des traités
Doit être dénouée avec les libertés.

---

## V

1880.

Cette solution était bien téméraire,
Et j'en suis aujourd'hui le plus ferme adversaire !
En ce temps-là, privé d' « utiles libertés »,
Avec plaisir, espoir, on a vu les traités :
C'étaient les premiers pas de la chère proscrite,
D'un César de rencontre exécrée et maudite !...
Bientôt s'évanouit l'aveugle illusion :
Tous les produits anglais, dans leur libre action,
Comme un torrent sans digue inondent nos frontières,
Important la ruine aux cités ouvrières !
A des prix inconnus la laine descendant,
L'agriculteur réduit son troupeau bienfaisant !
Et l'on ne voyait pas dans ce moment critique
Le bétail et les blés de la vaste Amérique
A la crise funeste apportant leur tribut !
Ce point noir grossira, nous sommes au début...

Au libre-échange franc je ne vois plus d'adeptes :
Les purs ont délaissé leurs absolus préceptes,
Et tous font à l'envi chasse à protection,
Le tenace électeur donnant de l'action !
Au ciel économique il faut une victime :
L'agriculture encore est jetée à l'abîme !
Gouvernants, éléments, ne font que la braver...
Expirante déjà, comment la relever?
Ce qu'elle obtint, par force, est si petite chose,
Qu'on peut dire tout haut : compromise est sa cause !

*
* *

*Honorés députés,* présentez un travail
Juste, réparateur : *une prime au bétail !*
Brûlez sur ce projet la cartouche dernière !
Si vous ratez, adieu la mère nourricière...

Mars 1880.

---

# *LETTRES*

---

## A M. Coudray, directeur de *L'Union Agricole*

9 février 1880.

Monsieur le Directeur.

Voulez-vous prêter la publicité de votre estimable journal à l'un de vos dévoués lecteurs, pour étudier sous un jour nouveau l'intéressant sujet des tarifs de douanes que la Chambre, en tremblant, commence à discuter, et dont les lettres insérées dans *L'Union Agricole* font voir les conséquences, les dangers ?

Ces questions, importantes s'il en fut, sont destinées à vivifier ou à tarir les sources du « labourage et du pâturage, les deux mamelles de la France. »

Elles sont politiques autant qu'économiques, car elles peuvent détourner de la République des milliers de voix froissées dans leurs intérêts, rétablir le prestige de partis délaissés aujourd'hui, mais susceptibles de se relever demain par les fautes des républicains. (Cette crainte devrait servir d'avertissement aux exaltés.)

Jusqu'à ce jour le suffrage des « ruraux » en général a fait preuve de fermeté, de sagesse et de modération ; c'est par lui que la République conservatrice a été fondée, réparant les ruines d'un passé désastreux... Le maintenir dans cette voie féconde doit être le but de tous les hommes sensés que n'aveugle pas l'esprit de parti, le but de nos honorés représentants en particulier.

C'est pour arriver à ce résultat et pour rétablir l'entente si nécessaire au bien public et déjà gravement atteinte, hélas ! que j'ai l'honneur, Monsieur, de vous demander s'il ne serait pas possible, dans ces problèmes multiples, de satisfaire tous les intérêts : protéger l'agriculture sans nuire à l'industrie, sans entraver la consommation ; ménager la chèvre et les choux et augmenter la production... en établissant une prime de 2 ou 3 francs par mouton ?

Pour y avoir droit, un séjour plus ou moins long à la ferme serait nécessaire ; le recensement se ferait tous les ans par une Commission nommée par le Conseil municipal de la commune.

On créerait ainsi l'égalité entre les cultivateurs et les industriels tous plus ou moins protégés, ce qui ferait taire de justes revendications. Cela, du reste, n'empêcherait pas d'autres dédommagements, s'ils étaient nécessaires.

L'égalité dans la liberté serait la ruine de la plupart de nos industries, un Sedan républicain... n'y songeons pas, grand Dieu !

Le mouton, la clé de la prospérité de l'agriculture, s'en va de nos campagnes, c'est incontestable, et cela au détriment de la richesse nationale : l'argent de nos cultivateurs, qui traverse les mers pour acheter à grands frais le guano que des navires étrangers nous apporte, ne rentre pas en France par un échange de marchandises ; il est perdù pour nous sans retour. Ajoutons que ce cher engrais ne vaut pas le chaud fumier de mouton.

Le nombre de ces utiles animaux augmenterait bientôt dans des proportions considérables.

L'utilité de cette prime une fois reconnue, nos financiers trouveraient bien les ressources nécessaires pour l'alimenter : dans ce cas, la fin justifie les moyens ; et plus facilement on aura des millions que l'accord entre libre-échangistes et protectionnistes, agriculteurs et industriels.

Ce serait de l'argent placé à gros intérêts : le chiffre ascendant des primes donnerait la preuve que le laboureur revenant à de saines traditions ne sacrifie plus la proie pour l'ombre ; et la paille qui quitte aujourd'hui la ferme à son grand préjudice serait utilisée avec profit. (Un vieux cultivateur me disait en me montrant plusieurs voitures de paille qui attendaient leur tour pour être déchargées sur des wagons : « Voilà la ruine de la culture, quel malheur ! »)

Pour encourager l'élevage du mouton comme il mérite de

l'être, il ne faudrait pas craindre d'élever cette prime, quitte à la réduire plus tard quand l'élan serait donné ; en primant seulement les agneaux nés dans la ferme, les sacrifices du budget seraient moindres, les opérations plus faciles, mais le but ne serait atteint qu'en partie, et, pour commencer, l'on n'obtiendrait pas les mêmes résultats.

Je vous donne ces idées pour ce qu'elles valent, faites-en, Monsieur, ce que bon vous semblera.

Et agréez, etc.

P.-S. — Il y aurait un moyen bien simple de ne plus donner d'élément à la jalousie trop fondée des cultivateurs ; ce serait d'établir une égalité absolue entre eux et les industriels. Voici comment :

Le produit de tous les droits d'entrée forme une recette extraordinaire, anormale ; que le budget y renonce en ce qui concerne les choses de l'agriculture.

Il constitue une protection directe au profit de l'industriel, qu'il soit réparti au moyen de primes directes aux agriculteurs, pour encourager l'élève du bétail, des moutons principalement.

---

9 mars 1880.

Monsieur le Directeur,

Permettez-moi, Monsieur, de revenir pour la dernière fois à mes moutons.

Je vois avec regret que la commission du tarif des douanes, dans le but louable de protéger l'agriculture, a rejeté l'encouragement direct pour le bétail ; c'était à mon humble avis le système le plus rationnel, le plus équitable ; voici pourquoi.

En préférant l'encouragement indirect par un droit sur le bétail et sur la laine, elle court grands risques de ne rien obtenir ; en effet, le droit sur les laines aura contre lui les libre-échangistes ligués pour la circonstance aux industriels, et ils forment la majorité. Leur principal grief, et il est sérieux, c'est qu'il atteindra dans sa source une industrie très florissante et dont l'exportation est considérable, celle des tissus de laine.

Dans ces articles, nous sommes les maîtres du marché européen ; nos bons amis les Anglais sont les rois? du coton, mais ils ne produisent guère que des tissus mélangés laine et coton.

Non seulement cette taxe entraverait le travail national, ce qui est un grave inconvénient, mais encore elle fournirait aux industriels étrangers des armes pour nous vaincre sur notre propre marché, à moins que l'on ne relève encore les tarifs qui protègent cette industrie et celles des étoffes laine et coton et laine et soie : cela est-il possible sans entrer, au point de vue de nos rivaux, dans les limites de la prohibition que personne ne demande ?

Le colza et les autres graines oléagineuses, le chanvre et le lin, qui alimentent des industries non moins importantes, sont dans les mêmes conditions. Impossible de toucher aux textiles, sans briser d'un coup le laborieux échafaudage de tarifs qui viennent disputer l'entrée en France aux produits étrangers, et ceux-ci ont beau jeu, du côté des Belges surtout, avec l'énorme différence d'impôts et de main-d'œuvre qui les protègent naturellement.

Le droit sur le bétail sera combattu dans l'intérêt des consommateurs, et par le nombre ils sont bien influents...

L'agriculture n'aura donc sa chétive part de protection que dans une taxe sur les menus grains, si toutefois d'autres influences ne viennent mettre des bâtons dans les roues... En tout cas, ces maigres ressources ne la retireront pas de sa situation désespérée.

Il n'y a de salut, vous le voyez, Monsieur, que dans une forte prime sur le bétail, sur les moutons surtout, qui sont par leur engrais la base de la production en céréales ; par leur laine, les auxiliaires de l'industrie ; et par leur viande, une branche précieuse de l'alimentation.

Je n'ignore pas que 2 francs par mouton (j'écarte le chiffre de 3 francs) comme je vous le proposais dans ma lettre du 9 février, vònt faire un total considérable, mais c'est précisément ce chiffre élevé qui prouvera aux agriculteurs que nos honorables n'éprouvent pas pour leur industrie « nationale par excellence, la seule nationale, » un amour seulement platonique ; alors ils se sentiront et seront réellement protégés. Et il faut bien qu'on leur donne d'un côté ce qu'on paraît disposé à leur refuser de l'autre, si l'on ne veut pas que la grande et la moyenne culture restent ensevelies sous leurs ruines, ce qui serait une calamité grosse de conséquences sociales.

Enfin, ce que nos législateurs n'accorderont pas de bonne volonté, la diminution de l'impôt par la réduction de la valeur des immeubles le donnera de force, quand le mal sera irréparable.

Espérons que les pouvoirs publics éloigneront de nous cette triste perspective et que tout ira pour le mieux dans la meilleure des Républiques... ; que plusieurs récoltes abondantes et des subsides légitimes viendront relever le prestige éteint de la culture et le moral des cultivateurs ! Sinon le découragement qui commence à s'emparer d'eux prendra des proportions formidables ; les grands propriétaires resteront avec leurs fermes sans fermiers, ce qui n'est déjà pas rare, et les terres des petits sans culture, s'ils ne peuvent les ensemencer eux-mêmes. Cette fois ce sera la partie la plus intelligente qui désertera les champs

Mais, me direz-vous, Monsieur, comment ce pauvre budget qui plie déjà sous le faix pourra-t-il supporter cet énorme surcroît de charges ?

L'Etat subventionne bien quantité de compagnies de chemins

de fer, compagnies maritimes, théâtres, etc., etc., dans l'intérêt du commerce et des arts. Cela avec raison, je le reconnais. L'agriculture, ce grand moteur de la fortune publique, ne doit-elle pas passer avant tout ?

Les ressources manquent, l'infatigable ministre de l'instruction publique en trouve bien pour proposer la gratuité de l'enseignement primaire ; que son honorable collègue de l'agriculture, qui ne défend guère, hélas ! sa protégée...? attire dans sa sphère une partie des millions qu'il faudra pour établir cette gratuité ; l'agriculture sera secourue, sauvée peut-être, et les progrès de l'instruction n'en souffriront pas.

L'utile avant le superflu, plus même que le superflu, car cette mesure blessera la fierté des pères de famille, et ils sont nombreux, qui désirent payer de leur bourse ce premier bien de leurs enfants ; blessera l'équité en faisant payer par des contribuables très chargés d'impôts, mais souvent aussi, et pour ce motif, très gênés, le lot d'instruction des plus riches, contre la volonté des parents.

Attendons que cette idée, qui a certes un excellent côté, fasse son chemin, qu'elle soit entrée dans nos mœurs, et surtout que des ressources pour la réaliser soient disponibles !

Cela presse d'autant moins que chaque commune a le droit de la voter quand elle le juge convenable. De son côté, le budget de l'instruction publique, n'ayant pas à supporter une charge aussi écrasante, réalisera plus facilement d'utiles améliorations ; sa marche en avant se fera par étapes, mais plus sûrement, et de façon à ce qu'il n'y ait pas à craindre que le sage proverbe « qui trop embrasse mal étreint » n'ait une fois de plus raison.

A chaque jour suffit sa tâche, courons au plus pressé :

Au lieu d'augmenter les impôts, appliquons-nous à dégrever ceux qui arrêtent dans sa source la prospérité générale ! Ce sera le plus sûr moyen de recruter des adhérents à notre République conservatrice, de battre sur un bon terrain les adversaires de nos institutions.

Que des règles fixes élargissent encore le cercle de la gratuité, rien de mieux, mais que, pour commencer, l'obligation seule soit ajoutée à nos lois, c'est la mesure indispensable, réparatrice. Et pour avoir des hommes d'élite plus nombreux et dans tous les rangs, que l'accès des écoles supérieures soit facilité aux sujets hors ligne, lauréats des concours.

Un dernier mot : les amendements sur les laines et sur le bétail sont encore intacts, ils peuvent être adoptés, ce dont je doute ; dans le cas où ce doute deviendrait bientôt une réalité, j'ai voulu mettre toutes les pièces sous les yeux de vos lecteurs, afin d'avoir quelques chances de gagner mon procès plus tard.

Recevez, Monsieur, etc.

---

12 mars 1880.

## A MONSIEUR X..., SÉNATEUR.

Monsieur le Sénateur,

Vous avez accueilli avec tant d'affabilité, il y a plusieurs années, une communication que j'ai eu l'honneur de vous adresser, que cela m'encourage à vous envoyer aujourd'hui deux numéros de *L'Union agricole* d'Eure-et-Loir, contenant des lettres signées E. B., votre très humble serviteur.

Vous verrez, Monsieur, que tout en prenant chaleureusement la défense de l'agriculture aux abois, je respecte les droits de la grande industrie dont vous êtes le plus illustre représentant.

On l'a dit bien des fois, toutes les industries sont solidaires... plus ou moins; mais toutes, sans exception, sont atteintes profondément par les souffrances de l'agriculture, car celle-ci est le pivot de la prospérité publique.

La stagnation générale des affaires en est la preuve trop éloquente, et je serais bien surpris que la rentrée des impôts n'en souffrît pas.

Je n'ai pas besoin, Monsieur, de vous recommander mon projet; s'il est bon, il parlera tout seul; mais ce que je vous prie et vous supplie de faire, c'est de prendre par un moyen quelconque la défense des intérêts de nos malheureuses populations agricoles, lorsque l'agriculture sera à l'ordre du jour des hautes délibérations du Sénat.

Je puis vous assurer que je n'ai pas assombri la situation à plaisir, et, personnellement, je suis à peu près désintéressé dans la question.

Pardonnez-moi, Monsieur le Sénateur, de venir troubler vos grandes préoccupations et occupations politiques,

Et veuillez agréer, je vous prie, etc.

(La réponse de l'honorable Sénateur ne laisse aucun doute sur les dispositions peu conciliantes des grands industriels du Sénat. L'agriculture n'a que des déceptions à attendre de ce côté. Espérons que la majorité ne les suivra pas dans cette voie injuste et funeste.)

www.ingramcontent.com/pod-product-compliance
Ingram Content Group UK Ltd.
Pitfield, Milton Keynes, MK11 3LW, UK
UKHW021133230726
13926UKWH00002B/778